惊人的咖啡食谱书

100 种令人惊叹的食谱，用于制作令人惊叹的独特而有趣的咖啡，让朋友和家人惊叹不已

迈克·哈里森

© COPYRIGHT 2022 ALL RIGHTS RESERVED 本文档旨在就所涵盖的主题和问题提供准确可靠的信息。该出版物的销售理念是出版商不需要提供会计、官方许可或其他合格的服务。如果有必要提供法律或专业建议，则应订购该行业的执业人士。

以电子方式或印刷格式复制、复制或传输本文档的任何部分均不合法。严禁录制本出版物，未经出版商书面许可，不得存储本文件。版权所有。

警告免责声明，据我们所知，本书中的信息是真实和完整的。所有推荐均不由作者或故事出版方提供保证。作者和出版商对使用此信息的免责声明和责任

目录

介绍 8

咖啡食谱 9

1. 贝都因人咖啡 9
2. 甜牛奶和咖啡派 11
3. 巧克力和咖啡蛋糕 13
4. 冬季小豆蔻和肉桂拿铁 16
5. 巧克力香蕉蛋糕 18
6. 拿铁咖啡 20
7. 自制拿铁咖啡 22
8. 爱尔兰咖啡 24
9. 香蕉配巧克力咖啡 25
10. 焦糖咖啡 27
11. 牛奶咖啡 29
12. 小豆蔻和泡沫咖啡 063593 30
13. 冷意式浓缩咖啡 32
14. 冰冷的摩卡和薄荷奶昔 33
15. 朗姆咖啡加奶油 35

16. 糖果咖啡配方 37

17. 巴伐利亚咖啡奶油 38

18. 冰咖啡加冰淇淋 40

19. 加椰子和焦糖的冰咖啡 41

20. 加香草和盐的卡布奇诺咖啡 43

蛋糕食谱 44

21. 椰子咖啡布朗尼 44

22. 蜜饯蛋糕 46

23. 圣诞咖啡纸杯蛋糕 48

24. 木薯蛋糕配咖啡和椰子...... 50

25. 香蕉配巧克力咖啡 52

26. 咖啡布朗尼食谱 54

27. 焦糖无花果蛋糕配咖啡 56

28. 摩卡松饼 58

29. 简单的咖啡蛋糕...................... 60

30. 提拉米苏纸杯蛋糕 62

31. 花生饺子... 64

32. 爱尔兰咖啡松饼 66

33. 香蕉蛋糕配咖啡 68

34. 冰淇淋蛋糕配至尊咖啡浓缩咖啡特雷斯... 70

35. 海绵蛋糕 72

36. 速溶咖啡松饼 74

37. 加牛奶的咖啡蛋糕 76

38. 西葫芦蛋糕配意式浓缩咖啡 78

39. 花生酱和咖啡布朗尼 80

40. 榛子浓缩咖啡奶油芝士蛋糕 82

41. 巧克力蛋糕 85

42. 酸奶蛋糕 87

43. 花力罂粟蛋糕 89

44. 樱桃蛋糕 92

45. 甜叶菊巧克力橙子蛋糕 94

46. 南瓜籽蛋糕配朗姆酒奶油 96

47. 咖啡榛子巧克力松饼 98

48. 速溶坚果咖啡蛋糕 100

49. 坚果外滩蛋糕 102

50. Nutella 凝乳芝士外滩蛋糕 104

素食主义者 106

51. 咖啡和香蕉奶昔 106

52. 焦糖无花果蛋糕配咖啡 108

53. 鳄梨加咖啡提取物 110

54. Cantuccini 布丁配咖啡酱 112

55. 蛋清糖霜加咖啡 114

56. 达尔戈纳咖啡 116

57. 香蕉咖啡 118

58. 灵魂温暖的咖啡 120

59. 咖啡罂粟籽冰淇淋配腌制樱桃 122

60. 维斯瓦巧克力咖啡冰淇淋配腌制浆果 124

61. 冬季小豆蔻和肉桂拿铁 126

62. 甜叶菊咖啡梦 128

63. 复活节蛋酒卡布奇诺 130

64. 咖啡角 132

65. 棒上的咖啡冰淇淋 134

67. 卡布奇诺松露 136

68. 简单的咖啡蛋糕 138

69. 冰咖啡 140

70. 香蕉配巧克力咖啡 141

71. 爱尔兰咖啡 143

72. 咖啡和坚果点心 144

73. Nutella 覆盆子提拉米苏 146

74. 凝乳香蕉提拉米苏 148

75. 木薯蛋糕配咖啡和椰子 150

76. 咖啡布瑟林 152

77. 浓缩咖啡和松子华夫饼 154

78. 咖啡杯饼干 156

79. 卡布奇诺大理石果冻蛋糕 158

80. 玻璃杯中的鳄梨咖啡 160

零食 162

81. 奶油片 162

82. 水果蛋糕 164

83. 凯匹林哈松饼 166

84. 芒果椰子能量球 168

85. 矢车菊雏菊粥 170

86. 科伦巴布丁配咖啡 172

87. 花生酱和意式浓缩咖啡三明治 174

88. 甜牛奶和咖啡派 175

89. 巧克力花生棒 177

90. 咖啡饼干 180

91. 咖啡釉 182

92. 咖啡布塞尔 184

93. 摩卡饼干 186

94. 浓缩咖啡布朗尼 188

95. 香草咖啡利口酒 190

96. 五香咖啡上的栗子奶油............ 192

97. 咖啡蛋糕汽水 194

98. 冰咖啡加茴香和甘草 196

99. 咖啡卷 198

100. 咖啡布丁 200

结论 201

介绍

咖啡是早上、主餐后或下午最常饮用的饮料之一，可搭配小吃或只是为了保持睡眠和懒惰。

这种饮料具有生热作用，有助于减肥，还有助于对抗头痛、刺激神经系统、提高学习能力，甚至预防糖尿病和阿尔茨海默氏症等疾病。

此外，这款饮料的粉丝会很高兴得知所有品种的豆子都可以用于甜味和咸味菜肴以及各种食谱中。考虑到这一点，我编制了一份最好的咖啡食谱清单，供您立即尝试！

咖啡食谱

1.贝都因咖啡

配料

- 750毫升水
- 2茶匙现磨豆蔻
- 1茶匙肉桂粉
- 1/2茶匙新鲜磨碎的生姜
- 8茶匙现磨摩卡
- 2茶匙糖

准备

1. 对于贝都因式咖啡,将香料和生姜放入平底锅中。(典型的带把手咖啡壶最适合这个。)
2. 现在加水煮沸。把热量降到最低,盖上水(这样不会有太多的水蒸发)炖10分钟。
3. 加入摩卡咖啡和糖,搅拌一次,让咖啡煮沸,盖上盖子,煮 5 分钟。倒入小碗中即可食用。

2. 甜牛奶咖啡派

材料（面团）

- 200克碎玉米淀粉饼干
- 100克黄油
- ½ 杯热过滤的 Pimpinela Golden 咖啡
- 1茶匙化学酵母

准备

1. 烤箱预热180°。

2. 将黄油在咖啡中融化，并逐渐将其与已经与酵母混合的碎饼干混合。将可拆卸的箍形状（直径 20 厘米）排成 1/2 厘米的高度。烤30分钟。

3. 取出并等待冷却。

3.巧克力和咖啡蛋糕

原料

蛋糕:

- 1 3/4 杯精制糖 ☐ 2 $\frac{1}{2}$ 杯面粉
- $\frac{1}{2}$ 杯 50% 可可粉
- 1$\frac{1}{2}$ 茶匙小苏打
- 1$\frac{1}{2}$ 茶匙化学酵母
- 1茶匙盐
- 2个大鸡蛋,室温
- 1杯牛奶
- 1茶匙醋

- 2茶匙香草
- 240毫升圣克拉拉热煮咖啡
- 1杯植物油

屋顶：

- 室温下125克黄油
- 1杯可可粉50%
- 2 ½ 杯糖粉
- 2汤匙煮好的咖啡
- ½茶匙香草

准备：

蛋糕：

1. 把烤箱加热到200度。
2. 在 33 x 23 厘米的模具上涂上油脂并撒上可可粉（或面粉）。
3. 在一个大碗里混合糖、面粉、可可、小苏打、发酵粉和盐，搅拌均匀。加入鸡蛋、牛奶、醋、香草、咖啡和油。用 fuet 或手动搅拌器混合所有东西 2 分钟。放入准备好的烤盘中烘烤 30-40 分钟，或者直到插入中间的牙签变干净。在放置浇头之前让其冷却 10 分钟。

屋顶：

1. 在一个中等大小的平底锅中，用小火融化黄油。关火，加入可可。将火调至中温并煮至沸腾。关火，加入糖、咖啡和香草。与 fuet 充分混合。让糖霜冷却 10 分钟，直到它变稠一点。立即铺在平底锅内的蛋糕上。不要让糖霜太冷，否则会很难铺在蛋糕上。

4. 冬豆蔻肉桂拿铁

配料

- 1罐椰奶（或者纯素奶油）
- 6个豆蔻荚
- 2 棒 (s) 肉桂
- 160 毫升咖啡
- 100毫升杏仁奶（或燕麦奶）
- 肉桂（地面，洒）准备

2. 对于冬季豆蔻肉桂拿铁，首先将椰奶放入冰箱过夜。

3. 第二天，将椰奶从冰箱中取出，从罐中取出硬化的椰奶，小心地将其倒入冰过的碗中，不要与液体混合。用手动搅拌器搅拌至奶油状。

4. 将豆蔻豆荚和肉桂棒放入一个大杯子中，然后将刚煮好的咖啡倒在上面。

5. 在炉子上用低火加热牛奶。

6. 筛出豆蔻胶囊和肉桂，将咖啡分成两杯，然后与热牛奶混合。

7. 将 2 到 3 汤匙椰子奶油倒入每个杯子中，并在冬季豆蔻肉桂拿铁中撒上肉桂。

5. 巧克力香蕉蛋糕

配料

- 2根香蕉（非常熟）
- 250毫升脱脂牛奶
- 300 克 全麦面粉
- 1茶匙发酵粉
- 1个盐罐
- 50 克 黑巧克力
- 150克糖制剂

1. 将烤箱预热至160°C。
2. 对于香蕉巧克力蛋糕，将鸡蛋分开，用牛奶和蛋黄将香蕉打成泥。用发酵粉和盐过筛面粉。
3. 将黑巧克力磨碎并混合，然后加入香蕉泥。
4. 将蛋清打成雪，加入糖搅拌。让蛋清滑到香蕉面糊上，小心地折叠起来。
5. 在烤盘上铺上烘焙纸，然后加入混合物。
6. 将香蕉巧克力蛋糕放入预热好的烤箱中，以160°C 烘烤一小时。

6.拿铁咖啡

配料

- 150 毫升全脂牛奶 (3.5%)
- 1 份意式浓缩咖啡

1. 对于拿铁咖啡,在电动奶泡器中加热牛奶。倒入一个高脚杯中。要么让浓缩咖啡直接倒入玻璃杯中,要么,如果玻璃杯不适合机器下方,则用勺子背面将其倒入玻璃杯中。这创建了典型的 3 层!

2. 将拿铁咖啡与一块黑巧克力或饼干（cantucci）一起上桌。

7. 自制拿铁咖啡

成分

- 咖啡 - 9 豆
- 水 - 30 毫升
- 脱脂牛奶（3.5%，自制）- 150 毫升
- 糖调味准备

1. 在咖啡研磨机中研磨咖啡豆。
2. 将现磨咖啡倒入土耳其，倒入冷水。
3. 把火鸡放在小火上，煮到泡沫开始上升。

4. 一旦泡沫开始上升,将咖啡从火上移开。
5. 加热牛奶,但不要煮沸!牛奶应加热(约 80 度)。
6. 将牛奶搅打至透气泡沫。
7. 将一半牛奶倒入拿铁杯中。
8. 通过筛子将咖啡滤入玻璃杯中。沿着玻璃杯的一侧以细流的形式将浓缩咖啡倒入玻璃杯中。
9. 把准备好的奶沫放在上面。将吸管放入装有饮料的玻璃杯中。自制拿铁咖啡就做好了。

8. 爱尔兰咖啡

配料

- 100 毫升爱尔兰威士忌
- 4 杯热咖啡
- 3 汤匙红糖
- 100 克 生奶油
- 装饰用原糖

1. 将咖啡、威士忌和糖充分加热，同时搅拌并溶解糖，然后倒入预热的玻璃杯中。
2. 轻轻搅打奶油，作为咖啡的罩子，撒上少许红糖。

9. 香蕉巧克力咖啡

配料

- 2汤匙柠檬汁
- 1汤匙糖
- 1撮香草浆
- 1根香蕉
- 2汤匙巧克力糖浆
- 400 毫升现煮热咖啡
- 150 毫升 牛奶
- 洒水用可可粉 制备步骤

1. 在平底锅中将柠檬汁与糖、香草和 100 毫升水一起煮沸。香蕉去皮切丁。倒入平底锅，炖1-2分钟，然后从火上移开。稍微冷却，然后倒入 4 个玻璃杯中。

2. 将糖浆与咖啡混合，小心地倒在香蕉上，除了 2 汤匙。用牛奶加热剩下的咖啡，搅拌至起泡。倒在咖啡上，撒上少许可可。

10.焦糖咖啡

配料

- 2 个日期（Medjool；无石）
- 1撮香草粉
- 150 毫升牛奶（3.5% 脂肪）
- 400 毫升现煮咖啡

准备步骤

1. 用 2 汤匙水和香草精将枣泥打成泥。（由于量少，最好使用直径比手动搅拌器顶部稍大的玻璃杯中的手动搅拌器。）

2. 将一半的枣泥通过一个小筛子放入玻璃杯中，然后将新鲜煮好的咖啡倒入玻璃杯中。对其余的枣泥做同样的事情。

3. 在一个小牛奶罐中加热牛奶，然后用牛奶起泡器搅打至起泡。涂抹在咖啡焦糖上，立即食用。

11. 牛奶咖啡

配料

- 250 毫升咖啡
- 250 毫升牛奶（1.5% 脂肪）

准备步骤

1. 将咖啡煮沸，加热牛奶，并用迷你鹅蛋打起泡。将咖啡分成4杯，倒入牛奶，用勺子放在泡沫上。

12. 豆蔻咖啡

配料

- 200 毫升 全脂牛奶
- 1个豆蔻荚
- 1个可可粉
- 400 毫升现煮咖啡
- 糖适量

准备步骤

2. 用压制的豆蔻胶囊和可可加热牛奶,浸泡约 10 分钟。倒入筛子,将一半的咖啡分布在两个杯子之间。将其余部分与牛奶起泡器混合,然后倒入咖啡中。
3. 即成甜味。

13.冷意式浓缩咖啡

配料

- 40 毫升浓缩咖啡
- 第四块冰块
- 60 毫升炼乳（7.5% 脂肪）

准备步骤

1. 根据包装上的说明准备浓缩咖啡。立即将其置于冷库中约 30 分钟。
2. 将冰块放入玻璃杯中，然后将冷意式浓缩咖啡倒在上面。

3. 用勺子将炼乳慢慢倒入玻璃杯中，即可食用。

14. 冰镇摩卡和薄荷奶昔

配料

- 600 毫升浓咖啡
- 150 克 糖
- 装饰用薄荷巧克力
- 薄荷巧克力糖浆

准备步骤

1. 将糖溶解在热浓缩咖啡中。让咖啡冷却，然后将其放入冰箱并剧烈搅拌约 2-3 小时。每 20 分钟一次。如果液体几乎完全由冰晶组成，则使用手动搅拌器或在搅拌器中搅拌一次。

2. 用薄荷巧克力糖浆调味。将格兰尼塔倒入 4 个玻璃杯中，并饰以薄荷巧克力

15. 朗姆咖啡加奶油

配料

- 25 克粗磨咖啡（4 茶匙）
- 150 毫升 生奶油
- 4块块糖，味道更佳
- 160 毫升棕色朗姆酒
- 洒巧克力屑

准备步骤

1. 将 600 毫升水烧开，将咖啡粉倒入预热的壶中，加满水。让它浸泡5分钟。
2. 将奶油搅打至起泡。用热水冲洗玻璃杯，加入 1-2 块糖和 4 cl 朗姆酒，通过细网筛倒入咖啡，并在每个顶部放一点奶油。撒上巧克力屑即成。

16. 糖果咖啡配方

糖果咖啡配方的成分：

- 20克巧克力糖浆
- 20克炼乳
- 150毫升现煮圣克拉拉咖啡

混合一切并享受！

17. 巴伐利亚咖啡奶油

巴伐利亚咖啡奶油的成分

- 1汤匙速溶咖啡
- 1杯碎冰
- 1 汤匙可可粉（或巧克力）□ ½ 杯牛奶
- 25 毫升原味明胶溶解在 1 汤匙温水中
- 4个蛋黄
- 1汤匙糖
- 1杯奶油茶

如何制作巴伐利亚咖啡奶油配方

1. 在搅拌机中，放入咖啡、明胶、牛奶并搅拌至所有物质溶解。
2. 加入可可/巧克力，糖，再次搅拌。
3. 最后，加入奶油、蛋黄和碎冰。再次点击。放入玻璃杯中冷藏2小时。与浆果一起食用。

18. 冰咖啡加冰淇淋

原料

- 1个烧焦的椰子冰棒
- 200 毫升冰咖啡加牛奶 3 颗心。

准备模式

1. 在搅拌机中将咖啡与烧焦的椰子冰棒混合。
2. 放入一杯奶昔中,立即食用。

19. 加椰子和焦糖的冰咖啡

原料

- 1茶匙可溶性胡椒
- 50毫升热水
- 100毫升椰奶
- 50毫升牛奶
- 50毫升椰子水
- 1茶匙糖（可以是椰子糖）
- 焦糖糖浆
- 生奶油

准备

1. 用 50 毫升热水制备速溶咖啡。等待它冷却下来。把它和椰子水一起放在冰块托盘里，让它冷却。
2. 当它是冰的形式时，在搅拌机中加入牛奶、椰奶和糖。放入玻璃杯中，盖上鲜奶油和焦糖酱。

20. 香草和盐卡布奇诺

原料

- 1勺优质香草冰淇淋(非常大)
- 2 汤匙经典卡布奇诺 3 颗心
- 1茶匙粉红喜马拉雅盐(保留½汤匙洒在上面)

准备

1. 在搅拌机中混合冰淇淋、卡布奇诺和半勺盐。
2. 放入高脚杯中冷冻2小时。上菜时,将剩余的盐撒在上面。

蛋糕食谱

21. 椰子咖啡布朗尼

原料：

- 1 个巧克力蛋糕预拌盒
- 3 个鸡蛋
- 1/3 杯植物油
- 60 毫升煮好的咖啡
- 200 克 磨碎的椰子

- 1杯烤杏仁
- $\frac{1}{4}$茶匙杏仁提取物
- 1罐炼乳
- 巧克力盖

准备：

1. 将烤箱预热至 180 摄氏度。将准备好的巧克力蛋糕、鸡蛋、咖啡和植物油混合物放入碗中，搅拌均匀。将混合物放入抹了油的烤盘中烘烤 20 分钟，或直到插入中心的牙签几乎干净为止。
2. 当布朗尼在烤箱中烘烤时，混合椰子、杏仁、提取物和炼乳，直到完全混合。一旦巧克力蛋糕恰到好处，把它们从烤箱里拿出来，小心地把椰子混合物铺在上面。将表格放回烤箱再烤 15 分钟。
3. 冷却1小时，用巧克力糖霜装饰。

22. 蜜饯蛋糕

原料:

- 1 1/3 杯（茶）蜜饯干果浸泡在 1 杯 cachaça 中
- 2/3 杯红糖
- 7 汤匙瓶装黄油
- 1 杯牛奶 1 个打好的鸡蛋
- $2\frac{1}{4}$ 杯小麦粉
- 1 勺发酵粉
- 1 茶匙磨碎的姜

1茶匙肉桂粉

准备

1. 将干果、黄油、糖和牛奶放入锅中。用小火加热，直到黄油和糖融化。预订。在一个碗里，将面粉、酵母和香料混合在一起。在中间打一个洞，加入干果混合物。放置打好的鸡蛋。用硅胶刮刀将所有东西充分混合。

2. 放入抹了油的英式蛋糕模，放入预热好的烤箱180度烤约50分钟。

23. 圣诞咖啡蛋糕

原料

- 1杯小麦粉
- 1/2杯糖
- 1杯可可粉
- 1茶匙化学酵母
- 1/2茶匙小苏打
- 1茶匙Pimpinela速溶咖啡
- 2茶匙肉桂粉
- 1/4茶匙丁香粉

- 1/2茶匙姜粉
- 1/2茶匙盐
- 1/2杯牛奶

    1/4杯植物油
- 1个大鸡蛋
- 1/2 茶匙香草精 ⬜ 1 杯热水。

准备

1. 把火预热到180度。将纸杯蛋糕盘放入锅中。
2. 在一个碗里，放入面粉、糖、可可、小苏打、化学酵母、丁香、肉桂、生姜和咖啡。混合好，放在一边。在搅拌机中，放入油、鸡蛋、牛奶和香草。加入保留的干原料，以中速搅拌直至充分混合。加入热水并快速搅拌1分钟以充气。将面团均匀地分成模具，烤20分钟，或者直到你把牙签放进去，然后它就变干了。

24. 咖啡椰子木薯蛋糕

原料

- 食品加工机中的 3 杯生木薯（木薯）
- 3杯糖茶
- 3汤匙黄油
- ¼ 杯过滤的圣克拉拉咖啡
- ¼杯牛奶
- 3个蛋清
- 3 颗宝石
- ½ 杯磨碎的帕尔马干酪
- 100克磨碎的椰子
- 1汤匙发酵粉

- 1撮盐

准备

1. 将木薯放入处理器中，放在布上，挤匀，丢弃牛奶。将面团摊入模具并放在一边。在电动搅拌机中，搅拌糖和黄油。当它发白时，加入蛋黄、磨碎的奶酪、咖啡和牛奶。搅拌直到所有成分充分混合。加入木薯块和椰子。用抹刀混合。最后，将酵母和蛋白放入雪中，用抹刀混合。将您选择的涂有油脂的平底锅放入预热的烤箱中，以 180 度烘烤约 40 分钟或直至表面呈金黄色。

25. 香蕉巧克力咖啡

配料

- 2汤匙柠檬汁
- 1汤匙糖
- 1撮香草浆
- 1根香蕉
- 2汤匙巧克力糖浆
- 400毫升现煮热咖啡
- 150毫升 牛奶
- 洒水用可可粉 制备步骤

1. 在平底锅中将柠檬汁与糖、香草和100毫升水一起煮沸。香蕉去皮切丁。倒入平底锅，炖1-2分钟，然后从火上移开。稍微冷却，然后倒入4个玻璃杯中。
2. 将糖浆与咖啡混合，小心地倒在香蕉上，除了2汤匙。用牛奶加热剩下的咖啡，搅拌至起泡。倒在咖啡上，撒上少许可可。

26. 咖啡布朗尼食谱

原料

- $\frac{3}{4}$ 杯巧克力粉
- $1\frac{1}{2}$ 杯糖
- 1茶匙盐
- $1\frac{1}{2}$ 杯面粉
- $\frac{1}{4}$ 杯过滤的 Pimpernel 咖啡
- 1茶匙Pimpinella速溶咖啡
- 1杯巧克力片
- 4个打好的鸡蛋
- 1汤匙香草

- $\frac{1}{2}$ 杯植物油
- 切碎的坚果
- 切碎的玻璃草莓

准备

1. 烤箱预热到160度
2. 在一个大碗里，充分混合所有干燥的原料。
3. 添加液体成分和打好的鸡蛋和巧克力片。
4. 用羊皮纸在一个大蛋糕盘（20x20cm）上涂上油脂。
5. 在 160 度下煮 30 分钟或直到介质凝固
6. 上菜前冷却。

27. 焦糖无花果蛋糕配咖啡

配料

- 60 克 全蔗糖
- 3汤匙砂糖（撒无花果）
- 10个有机无花果（新鲜）
- 4个自由放养的鸡蛋（蛋黄和蛋白分开）
- 2汤匙速溶谷物咖啡
- 90 克 全麦面粉
- 1茶匙小苏打制备

1. 对于咖啡焦糖无花果蛋糕，将无花果洗净，纵向切成两半，撒上砂糖，将水果平放在锅底。

2. 在一个碗里，用全蔗糖打蛋黄直到起泡。将面粉与咖啡和小苏打分开混合，然后逐渐将所有东西与鸡蛋混合物混合。

3. 最后，将蛋白打成雪状，与面糊混合。加入几汤匙雪，使混合物变松，然后用橡皮刮刀以圆周运动将剩余的雪折叠成面团。

4. 把混合物倒在锅里的无花果上，烤25到30分钟。当不再有面团粘在拔出时插入的牙签上时，蛋糕就准备好了。

5. 将完成的焦糖无花果蛋糕和咖啡从烤箱中取出并立即将其翻过来（否则焦糖会粘在锅上！）。多汁的甜点。

28. 摩卡松饼

配料

- 3个鸡蛋
- 180毫升植物油
- 120 毫升浓咖啡（冷却）
- 1茶匙香草浆
- 240 毫升 酪乳
- 210 克 面粉
- 170 克 全麦面粉
- 25克可可粉
- 210 克 红糖

- 1/2茶匙发酵粉
- 1茶匙小苏打
- 1/2茶匙盐
- 100 克 鲸鱼或山核桃（切碎）
- 170 克 巧克力片 准备

1. 对于摩卡松饼，将烤箱预热至 190 度，并将纸模放入松饼托盘中。
2. 将鸡蛋、酪乳、油、咖啡和香草浆混合在一个碗中。
3. 在第二个碗中，混合面粉、可可、糖、发酵粉、小苏打和盐。然后加入坚果和巧克力片。
4. 用抹刀小心地将潮湿的原料折叠到面粉混合物中。
5. 将面糊倒入纸模中，烘烤摩卡松饼约20-25分钟。吃之前让松饼冷却。

29. 简单的咖啡蛋糕

配料

- 150 克 黄油（融化）
- 200克糖
- 1个鸡蛋
- 250毫升咖啡（黑色）
- 400克面粉（光滑）
- 1包发酵粉
- 1包香草糖
- 一些柠檬皮（品尝）准备

1. 在一个大碗里，搅拌温热的黄油、糖和鸡蛋直到起泡。然后加入混合了发酵粉、香草糖、柠檬皮和咖啡的面粉。
2. 将面团倒入抹了油的平底锅或衬有烘焙纸的平底锅中（盒子、外滩蛋糕或蛋糕盘，或烤盘，随你喜欢）。
3. 大约烘烤。175°C（对流烤箱）至少45分钟，然后检查，必要时再烤10分钟。

30. 提拉米苏蛋糕

配料

- 1杯利口酒（或加糖咖啡/牛奶，用于浸泡）

对于馅饼：

- 200克面粉
- 1茶匙发酵粉
- 1/2茶匙盐
- 2个蛋
- 60毫升咖啡（黑色）
- 1 瓶朗姆酒（约 2 毫升）
- 100 克糖

对于马斯卡彭奶油：

- 2个鸡蛋（分开）
- 5汤匙糖
- 1包香草糖
- 300克马斯卡彭准备

1. 对于馅饼，将烤箱预热至 180°C，并在松饼罐中装满纸盒。
2. 将鸡蛋分开，将蛋黄与咖啡、朗姆酒和50克糖充分混合。将蛋白打至变硬，与剩余的糖混合。

3. 在碗中充分混合面粉、发酵粉和盐。慢慢地将面粉、盐和发酵粉混合到蛋黄和咖啡混合物中。倒入蛋清。

4. 将面糊倒入模具中，烘烤约20-25分钟。

5. 对于奶油，将蛋黄与糖混合，搅拌至起泡。将蛋白打成雪。将马斯卡彭奶酪拌入蛋液中，拌入蛋清。放入冰箱约1小时！

6. 将纸杯蛋糕从烤箱中取出，将它们浸泡在利口酒（或加糖的咖啡）中，然后放在金属架上冷却。

7. 把奶油从冰箱里拿出来，用它装饰冷却的纸杯蛋糕。

31. 花生饺子

饼干的成分：

- 2杯筛过的小麦粉
- 1汤匙发酵粉
- $\frac{1}{2}$杯无盐烤花生
- $\frac{1}{2}$杯糖
- 5汤匙黄油
- 1个打好的鸡蛋
- $\frac{1}{2}$杯特浓咖啡 3 颗心
- $\frac{1}{4}$杯牛奶

对于覆盖范围：

- $\frac{1}{4}$杯过筛小麦粉
- 1汤匙黄油
- $\frac{1}{4}$杯无盐烤花生
- 1茶匙速溶咖啡 3 Hearts
- $1\frac{1}{2}$汤匙红糖

准备

1. 在一个碗里,将面粉、酵母、花生和糖混合在一起。加入黄油,用叉子将干燥的成分混合在一起。
2. 在另一个容器中,打鸡蛋并加入牛奶和咖啡。轻轻地将这种混合物添加到干燥的成分中。将面团分配到模具中并准备浇头。混合面粉和黄油,直到它具有颗粒状稠度。加入花生、咖啡和糖,用抹刀轻轻搅拌。把这个浇头撒在饺子上。放入预热好的烤箱,200度烤20到25分钟。

32. 爱尔兰咖啡松饼

配料

- 1茶匙咖啡
- 400 克 酪乳
- 130 克 面粉（光滑）
- 130克面粉（方便）
- 1包发酵粉
- 1撮小苏打
- 80 克 核桃（切碎）
- 130克糖（棕色）
- 1个鸡蛋
- 70毫升植物油
- 40毫升威士忌
- 准备 12 个纸烘焙盒

1. 将咖啡溶解在酪乳中。
2. 在第二个碗中，混合面粉、发酵粉、小苏打和切碎的坚果。
3. 然后将搅拌过的鸡蛋、糖、油和威士忌加入酪乳混合物中。
4. 然后加入面粉混合物。

5. 将烤纸模具放入松饼盘中，倒入面糊（你也可以在面糊上放半个核桃）。

6. 将松饼放入预热好的烤箱（160°C，风扇烤箱）约20分钟。

33. 香蕉蛋糕加咖啡

原料

- 4个大的，非常成熟的矮香蕉
- 1杯（茶）面包屑
- 1杯（茶）糖
- 4个鸡蛋
- 3/4 杯向日葵油或玉米油

- 100 克切碎的巴西坚果
- 1 汤匙 3 美食咖啡
- 1勺（甜点）化学酵母

准备

1. 在搅拌机中，用鸡蛋和油打香蕉。加入面粉、糖和咖啡，不断搅拌。
2. 加入栗子和酵母，轻轻搅拌。放入涂有油脂的模具中，在烤箱中以 180°C 烘烤约 40 分钟。

34. 顶级咖啡冰淇淋蛋糕

特浓咖啡

原料

- 1杯（咖啡）浓咖啡
- Colomba 切片 ($\frac{1}{2}$ colomba)
- 冰淇淋就够了
- 1 粒 TRES 至尊浓缩咖啡（或你最喜欢的）
- 150克半甜巧克力融化
- 2汤匙酸奶油

制备方法

1. 在蛋糕模上铺上保鲜膜。放一层冰淇淋。
2. 添加 Colomba 切片。淋上滤过的咖啡。加入冰淇淋,然后是 Colomba,依次用咖啡浇水,直到锅底。放入冰箱1小时。
3. 加入融化的巧克力、浓缩咖啡和奶油制作甘纳许。上菜前用甘纳许盖住蛋糕。

35. 海绵蛋糕

配料

- 1/2升牛奶
- 15 克 香草布丁粉
- 1个蛋黄
- 5粒糖
- 12天罗摩
- 12 天科克塔
- 2 包。瓢虫
- 咖啡（冷混合少许朗姆酒）制备

1. 对于海绵蛋糕，将牛奶、香草布丁粉、蛋黄和糖煮沸，不断搅拌。
2. 将 Rama 和 Koketta 放入搅拌杯中，然后立即将煮沸且仍然很热的混合物加入搅拌杯中。在最高水平混合 2 分钟。现在让混合物在冰箱中放置 12 小时。
3. 用手动搅拌器打奶油。
4. 将海绵手指浸入咖啡朗姆酒混合物中，然后与蛋糕罐中的生奶油交替分层。
5. 根据需要用生奶油和草莓装饰海绵蛋糕。

36. 速溶咖啡松饼

原料

- 4个蛋黄
- 4个蛋清
- 3 $\frac{1}{2}$ 汤匙糖
- 2 $\frac{1}{2}$ 汤匙玉米淀粉
- 1 勺（甜点）速溶咖啡 3 传统的心
- 4汤匙磨碎的椰子
- 4汤匙粒状巧克力

制备方法

1. 蛋黄加糖打至发白。
2. 逐渐加入玉米淀粉、速溶咖啡、巧克力和椰子。
3. 从电动搅拌机中取出，轻轻放入蛋白。
4. 在 180°C 下在涂有油脂的单个小模子中烘烤 30 分钟。烤好后撒上白糖。

37. 牛奶咖啡蛋糕

原料

- 1 粒 TRES 牛奶咖啡胶囊
- 3个鸡蛋
- 4个非常成熟的香蕉
- 2杯燕麦片
- 1杯切碎的杏子
- 1/2杯切碎的核桃
- 1/2杯葡萄干
- 1/2 杯切碎的黑李子

- 1汤匙酵母

成分

1. 在一个碗里，混合燕麦、核桃、杏子、葡萄干和李子。
2. 在搅拌机中用香蕉打鸡蛋。加入咖啡和牛奶。
3. 将酵母和干燥的配料一起放入碗中，搅拌均匀。
4. 将打好的香蕉和鸡蛋一起加入，搅拌均匀，然后将所有东西放入涂有油脂的英式蛋糕模中，在预热的烤箱（180°C）中烘烤至金黄色。如果你喜欢，撒上糖粉或肉桂。

38. 西葫芦蛋糕配浓缩咖啡

原料

- 320克糖
- 300克小麦粉
- 100 克 杏仁粉
- ½茶匙小苏打
- 1.5汤匙酵母粉
- 500 克 磨碎的西葫芦
- 3个鸡蛋
- ½汤匙香草精
- 2茶匙肉桂粉

- $\frac{1}{2}$茶匙肉豆蔻
- 1茶匙磨碎的姜

-
-
- ½ 茶匙盐
- 200 毫升菜籽油或玉米油
- 50 毫升浓缩咖啡 Ameno TRES
- 150 克糖粉
- 150 克普通糖

准备

1. 在搅拌机中，加入油、糖、鸡蛋和香草。高速搅拌直至混合物呈白色（约 10 分钟）。

2. 与此同时，在一个碗里，将面粉、肉桂、肉豆蔻、生姜、盐和小苏打混合在一起。搅拌均匀。将内容添加到混合器中。搅拌 15 分钟，或直至光滑。

3. 在搅拌机外，加入西葫芦和酵母，轻轻搅拌均匀。将所有东西放在涂有黄油和面粉的可拆卸底锅上。放入烤箱以 190°C 烘烤约 50 分钟。

4. 将两种糖混合在一个碗中，然后放入已经冷的温和浓缩咖啡。充分混合，直到形成糖霜。

5. 趁还热的时候放在成品蛋糕上。与一勺生奶油一起食用。

39. 花生酱和咖啡布朗尼

原料

- 250 克 融化的黑巧克力
- 1 汤匙圣克拉拉速溶咖啡
- 1汤匙软膏中的黄油
- 3个鸡蛋
- 1杯糖
- ¾杯筛分好的小麦粉
- 1茶匙香草精
- ½杯花生酱
- 1汤匙软膏中的黄油

- 2汤匙糖

    1 这个

    1汤匙小麦粉

准备

1. 在一个碗里，将融化的巧克力和速溶咖啡与黄油糊混合。加入鸡蛋、糖、香草精，搅拌均匀。

2. 最后，加入小麦粉，搅拌均匀。预订。

3. 将花生酱与黄油、鸡蛋、糖和面粉混合。确保它是一种非常光滑的糊状物。

4. 在抹了油的模具中，将面团舀入面团中，将巧克力与花生混合。

5. 用勺子或叉子将一个架子拉到另一个架子上以获得大理石效果。在预热的烤箱（180°C）中烘烤 25 至 30 分钟。

40.榛子浓缩咖啡奶油芝士蛋糕

配料

对于坚果壳：

- 300 克 榛子仁
- 60 克 黄油
- 100 克糖
- 1 汤匙液体蜂蜜 馅料：
- 500 克 乳清干酪（奶油状）
- 200 克 奶油芝士（双份奶油）
- 2 汤匙面粉
- 2 个鸡蛋（M）

- 125克糖
- 1包香草糖

  1茶匙肉桂粉

  60毫升浓缩咖啡（冷却）制备

1. 对于榛子浓缩咖啡奶油芝士蛋糕的坚果壳，将烤箱预热至 200°（对流 180°）。将榛子仁放在烤盘上，在烤箱（中心）中烤 6-10 分钟，直到果皮破裂并变黑。取出，放在厨房毛巾上，用它擦果皮。将烤箱调低至 180°（对流 160°）。

2. 用羊皮纸在平底锅的底部和边缘划线。让榛子仁冷却约 30 分钟。

3. 大致切碎 2 汤匙坚果并放在一边。

4. 融化黄油，与糖和蜂蜜混合，稍微冷却。在闪电切碎机中细磨剩余的坚果，然后搅拌到黄油混合物中。将坚果混合物倒入模具中，用勺子将其铺在底部和边缘。然后用混合物冷却模具。

5. 对于填充物，用手动搅拌器将乳清干酪和奶油芝士混合至光滑。

加入面粉，然后逐渐加入鸡蛋，直到混合物变得光滑。加入糖、香草糖、肉桂粉和浓缩咖啡。

6. 将馅料铺在面团底部。在烤箱（中心）中烘烤 **35-40** 分钟。当你触摸平底锅的中心时，蛋糕会微微"颤抖"，蛋糕就做好了。取出蛋糕，放在金属架上冷却几个小时。

7. 上菜前，将榛子浓缩咖啡奶油芝士蛋糕从模具中取出，撒上放在一边的榛子。

41. 巧克力拼蛋糕

配料

面团：

- 300 克 斯佩尔特面粉
- 200 克 杏仁（磨碎）
- 150克糖
- 1/2 包发酵粉
- 4个鸡蛋
- 1杯咖啡（冷）

皮衣：

- 180 克 黄油
- 150 克 黑巧克力
- 1撮盐制剂

1. 对于斯佩尔特巧克力蛋糕，将斯佩尔特面粉、杏仁粉、糖和发酵粉干混。然后搅拌鸡蛋和一杯冷咖啡，与剩余的配料混合，将略稀的面糊铺在烤盘上。在200°C烘烤约20分钟。
2. 让斯佩尔特巧克力蛋糕冷却并盖上深色巧克力蛋糕。
3. 洒满爱。

42. 酸奶蛋糕

配料

- 4个鸡蛋
- 300-400克面粉
- 1杯酸奶
- 200-300 克 糖粉
- 100 - 200 克 黄油（如果可能，切丁）
- 果酱（用于传播）
- 1撮盐（没有海盐，否则太咸）
- 1包发酵粉
- 1包香草糖制剂

1. 对于酸奶蛋糕，将鸡蛋分开并将蛋白打成雪（不要忘记一小撮盐）。融化黄油。
2. 将融化的黄油、糖粉、香草糖和发酵粉加入蛋黄中，搅拌均匀。
3. 将搅打过的蛋白、面粉和一罐酸奶交替拌入，松松而轻柔。
4. 在您选择的烤盘上刷一点黄油和面粉（烘烤后蛋糕可以很容易地取出）。将面糊混合物倒入模具中并在200-220°C下烘烤。

5. 烘烤冷却后,将酸奶蛋糕切成两半,涂上果酱。

43.花力罂粟蛋糕

配料

对于 25 厘米蛋糕盘:

- 6个鸡蛋
- 200 克 灰色种子(磨碎)
- 100 克 杏仁(磨碎)
- 50 克 巧克力(磨碎)
- 80 克 蔗糖
- 250 克 黄油(软)

- 1汤匙香草糖
- 1个。橙色（仅果皮）
- 1/2个柠檬（只有果皮）
- 1 撮 Sonnentor 魔盐（细）
- 黑醋栗果酱（或类似的）

釉：

- 250 克 糖粉
- 2汤匙水
- 2汤匙柠檬汁
- 花力香料开花混合物

准备

1. 对于Flower Power罂粟蛋糕，将鸡蛋分成蛋黄并澄清，将罂粟籽与杏仁和巧克力混合。
2. 将黄油与糖粉、少许盐、香草糖、橙子和柠檬皮混合直至起泡。逐渐混合蛋黄并充分搅拌直至起泡。
3. 在奶油雪地上用生蔗糖打蛋白，然后与罂粟籽、杏仁和巧克力混合物交替拌入黄油混合物中。

4. 将混合物倒入抹了油的撒了面粉的弹簧盘中，在 160°C 下烘烤约 10 分钟。50分钟，冷却后从模具中取出，翻到盘子上。

5. 将果酱打成泥，用筛子压榨，加热，然后将其薄薄地铺在蛋糕的顶部和周围。

6. 对于釉料，将成分混合成光滑、厚实的物质。加入花卉香料开花并给蛋糕上釉。

44.樱桃蛋糕

配料

对于面团：

- 200 克 黄油
- 200 克 糖粉
- 200克面粉
- 40 克 玉米淀粉
- 5个鸡蛋
- 1包香草糖

对于钣金：

- 400 克 樱桃

准备

1. 将樱桃洗净、沥干并去核。
2. 将烤箱预热至 180°C 热风。在烤盘上铺上烘焙纸。
3. 将鸡蛋分开，将蛋白打成雪。为此，将蛋白打至变白，然后加入一半的糖。
4. 将黄油、剩余的糖、蛋黄和香草糖混合至起泡。
5. 把面粉和玉米淀粉筛在一起，这样樱桃蛋糕上就没有洞了。
6. 将蛋糖雪与面粉混合物交替混合到蛋黄块中。
7. 将面团铺在烘焙纸上，盖上樱桃。
8. 将樱桃蛋糕烤约 15-20 分钟，让它冷却，如果需要，加入糖并切成任意大小的块。

45. 甜叶菊巧克力橙蛋糕

配料

- 4 件。所有者
- 30 克 龙舌兰汁
- 20 克 酸奶油
- 4茶匙甜叶菊颗粒
- 1 1/2 茶匙肉桂粉
- 1茶匙波旁香草粉
- 1撮丁香粉
- 2汤匙朗姆酒
- 1个。橙子（果汁和果皮）

- 90 克 椰奶
- 3 汤匙牛奶（或豆浆）
- 90 克 全麦面粉
- 35 克 杏仁（磨碎）
- 2 汤匙可可
- 10 克 全麦面包屑（面包屑）
- 1 包塔塔粉准备

1. 对于巧克力和橙子蛋糕，把鸡蛋分开，蛋清放在一边。
2. 将蛋黄（蛋黄）、龙舌兰糖浆、奶油、甜叶菊、肉桂、香草、丁香、朗姆酒和橙皮混合至顺滑。
3. 在碗中混合椰奶、牛奶和橙汁，然后加入。
4. 执行此操作时，将搅拌器设置为低水平，因为质量非常液体。
5. 将面粉、杏仁、可可粉、面包屑（breadcrumbs）和发酵粉混合在一起。
6. 与质量混合。
7. 拌入打发好的蛋白，倒入模具中，放入预热好的烤箱180°C烤40-45分钟。

46. 南瓜子蛋糕配朗姆酒奶油

配料

南瓜籽饼：

- 8个 蛋黄
- 200 克 砂糖
- 8克面包屑
- 200 克 南瓜子（磨碎）
- 1包香草糖
- 2汤匙朗姆酒
- 8块蛋清
- 黄油和面粉（用于平底锅）

对于朗姆酒奶油：

- 200 毫升 鲜奶油
- 4 cl 鸡蛋利口酒
- 1 杯朗姆酒
- 1 茶匙香草糖制剂

1. 对于南瓜籽蛋糕，用 1/3 的砂糖、一小撮盐和香草糖将蛋黄打至起泡。
2. 将磨细的施蒂里亚南瓜籽、面粉、朗姆酒和面包屑以及面粉与蛋清交替混合，用剩余的糖打至变硬。
3. 在一个中等大小的蛋糕模底部铺上羊皮纸，在边缘涂上黄油，撒上面粉。
4. 倒入蛋糕混合物，以170°C烘烤约40分钟至浅棕色。
5. 对于朗姆奶油，将生奶油搅打至半硬，将鸡蛋利口酒、朗姆酒和 1 茶匙香草糖轻轻混合，然后将一匙倒在蛋糕片上。

47. 咖啡榛子巧克力松饼

配料

- 280 克 梅尔
- 210 克 糖
- 3个鸡蛋
- 2包香草糖
- 150 克 黄油（融化）
- 50 毫升牛奶
- 150 毫升咖啡（kalt）
- 1个香草荚（它的纸浆）
- 4汤匙榛子（磨碎）

- 2汤匙牛奶巧克力（磨碎）准备

1. 对于咖啡、榛子和巧克力松饼，将烤箱预热至 150 度。在松饼罐上涂上黄油，撒上面粉。或与小松饼纸盒对齐。
2. 将糖、香草糖、香草荚果肉和 4 个鸡蛋混合至起泡。将面粉、发酵粉、坚果和巧克力混合在一起。
3. 融化并加入黄油搅拌。加入牛奶和咖啡。最后加入鸡蛋和糖的混合物。
4. 烤箱中的咖啡榛子巧克力松饼以 180 度烘烤 25-30 分钟。

48. 速溶坚果咖啡蛋糕

配料

- 4个鸡蛋
- 1撮盐
- 100 克 核桃（磨碎）
- 1包冰咖啡粉（20克）
- 2汤匙糖粉
- 1 杯樱桃朗姆酒
- 1杯鲜奶油准备

1. 对于速溶坚果咖啡蛋糕，先将鸡蛋分开。用捏捏打蛋清
   盐直到变硬。将蛋黄和糖粉打至起泡。
2. 将冰咖啡粉、磨碎的坚果和樱桃朗姆酒混合到蛋黄混合物中。拌入蛋清，将混合物倒入抹了油并撒了面粉的小弹簧盘（直径 20 厘米）中。
3. 与生奶油和粗磨核桃一起食用。大约烘烤。170°C

49. 坚果外滩蛋糕

配料

- 200 克 黄油
- 250克糖
- 1包香草糖
- 5个蛋黄
- 1撮肉桂
- 180 克榛子（磨碎或核桃）
- 120克面粉（方便）
- 3茶匙发酵粉

- 5块蛋清
- 100 克 巧克力（切碎）准备

1. 对于坚果外滩蛋糕，将黄油搅拌至起泡，然后逐渐加入糖、香草糖、蛋黄、肉桂、坚果和混合了发酵粉的面粉。
2. 将蛋白打成硬雪。将切碎的巧克力举到雪下，然后将其折叠成面团。将混合物放入涂抹良好的碎屑中。
3. 用热空气在 180°C 烘烤约 45 分钟。在取出之前，在关闭的烤箱中放置 5 分钟。
4. 冷却并涂上糖衣。

50. Nutella curd cheese bundt cake

配料

- 5个鸡蛋
- 300克面粉
- 100 克糖
- 250 克 凝乳奶酪
- 200 克 黄油（软）
- 200 克 花生酱
- 100 克 巧克力（融化）
- 1汤匙花生酱（融化）
- 200 克 巧克力

准备

1. 在平底锅上涂黄油，撒上糖。
2. 鸡蛋分开，蛋黄加糖打至起泡，蛋白打至硬雪状。
3. 将 Nutella 与黄油和巧克力一起融化，与凝乳和过筛的面粉一起加入蛋黄和糖块中，拌入蛋白，倒入 Gugelhupf 烤盘中，在 160°C 下烘烤约 45 分钟。
4. 在翻转之前让 Gugelhupf 休息 5 分钟。
5. 当 Gugelhupf 休息时，融化剩余的巧克力和 Nutella。
6. 用液体巧克力装饰不冷不热的 Nutella 凝乳奶酪 Gugelhupf，最好在不冷不热的时候食用。

素食主义者

51. 咖啡和香蕉奶昔

原料

- 400毫升咖啡（热、浓）
- 2汤匙糖
- 2根香蕉（大块）
- 1/2 香草荚（纸浆）
- 2汤匙杏仁粒（磨细）
- 2茶匙枫糖浆
- 6个冰块
- 椰子片（装饰用） 准备

1. 对于咖啡香蕉奶昔，首先将咖啡与糖混合直至溶解。在冰箱中冷藏至少 30 分钟。
2. 用手动搅拌机将咖啡、香蕉、香草、杏仁和糖浆搅成泥。加入冰块并混合，直到它们被大致切碎。
3. 将咖啡香蕉奶昔倒入两个长杯中，并用椰子片装饰。

52. 焦糖无花果蛋糕配咖啡

原料

- 60 克 全蔗糖
- 3汤匙砂糖（撒无花果）
- 10个有机无花果（新鲜）
- 4个自由放养的鸡蛋（蛋黄和蛋白分开）

- 2汤匙速溶谷物咖啡
- 90 克 全麦面粉
- 1茶匙小苏打

准备

1. 对于咖啡焦糖无花果蛋糕，将无花果洗净，纵向切成两半，撒上砂糖，将水果平放在锅底。

2. 在一个碗里，用全蔗糖打蛋黄直到起泡。将面粉与咖啡和小苏打分开混合，然后逐渐将所有东西与鸡蛋混合物混合。

3. 最后，将蛋白打成雪状，与面糊混合。加入几汤匙雪，使混合物变松，然后用橡皮刮刀以圆周运动将剩余的雪折叠成面团。

4. 把混合物倒在锅里的无花果上，烤25到30分钟。当不再有面团粘在拔出时插入的牙签上时，蛋糕就准备好了。

5. 将完成的焦糖无花果蛋糕和咖啡从烤箱中取出并立即将其翻过来（否则焦糖会粘在锅上！）。多汁的甜点。

53.鳄梨咖啡提取物

原料

- 2片鳄梨
- 2汤匙法林糖
- 1 杯干邑白兰地
- 咖啡提取物
- 肉豆蔻,磨碎)

准备

1. 对于带有咖啡提取物的鳄梨,将鳄梨去皮并使用搅拌器制作果肉、糖和白兰地。

2. 把它分成4个碗,在上面倒一点咖啡提取物,然后在上面撒上肉豆蔻。

54. Cantuccini 布丁配咖啡酱

原料

- 100 克 坎图奇尼
- 50 克 杏仁
- 85 克 黄油（软）
- 35克糖
- 3个鸡蛋
- 35克糖
- 1茶匙黄油（软）
- 2汤匙糖
- 酱汁：
- 250 毫升 生奶油

- 50克糖
- 2汤匙速溶咖啡粉
- 1个蛋黄

准备

1. 对于加咖啡酱的cantuccini布丁，将cantuccini和amaretti在切刀中切碎。将黄油与糖混合直至起泡。将鸡蛋分开，将蛋黄和切碎的cantuccini amaretti一起搅拌成泡沫混合物，然后将蛋白打至变硬。撒上 35 克糖，继续搅拌直到混合物发亮，然后折叠成泡沫混合物。

2. 在模具上涂上黄油并撒上糖，倒入混合物，将模具放入深盘中，在盘中加入热水至约 3/4 高度，然后在烤箱中煮布丁。把搅打好的奶油和糖煮沸，放在小火上静置15分钟，过滤。

3. 搅拌咖啡粉和蛋黄，搅拌成热的鲜奶油，再次加热至沸点，但不要再沸腾，让其冷却。上菜时，将布丁倒在盘子上，将咖啡酱倒在上面，如果你喜欢，可以在cantuccini布丁上撒上咖啡酱和糖粉，并用咖啡豆和奶油心装饰。

55. 蛋清糖霜加咖啡

原料

- 30克蛋清(巴氏杀菌,相当于1个蛋清)
- 200 克 糖粉(细筛,必要时多加一点)
- 30 毫升朗姆酒
- 1茶匙咖啡粉(溶解在10毫升水中)

准备

1. 将蛋清和糖一起放入容器中，搅拌至混合物变硬并起泡。
2. 加入溶解的咖啡粉和朗姆酒。
3. 在涂抹之前将蛋清釉加热一点。可能在其中溶解另外 10 克椰子油。

56. 达尔戈纳咖啡

原料

- 8茶匙速溶咖啡
- 8茶匙糖
- 8茶匙水（热）
- 100 毫升 牛奶
- 可可粉

准备

1. 在一个碗里，用打蛋器将速溶咖啡、糖和热水搅拌在一起。

2. 搅拌 3 到 4 分钟，直到达到奶油般的稠度。
3. 将碎冰块放入玻璃杯中，将牛奶倒在上面。
4. 将奶油咖啡块倒在牛奶上，在头上加少许可可粉精制。
5. 搅拌一次即可享用。

57. 香蕉咖啡

原料

- 2根香蕉（成熟）
- 1 喷柠檬汁
- 2茶匙枫糖浆
- 1/2茶匙肉桂
- 4 杯浓缩咖啡（双份）

准备

1. 对于香蕉咖啡，首先将香蕉去皮捣碎。与柠檬汁、枫糖浆和肉桂混合。将香蕉分成 4 个小的耐热玻璃杯。
2. 准备浓缩咖啡并在每种香蕉混合物中加入双份浓缩咖啡（如有必要，事先加糖调味）。
3. 上桌香蕉咖啡，撒上少许肉桂。

58. 灵魂温暖的咖啡

原料

- 500 毫升咖啡（热、浓）
- 1颗八角
- 5个豆蔻荚（绿色）
- 75 克 蔗糖（棕色）
- 80 毫升朗姆酒
- 鲜奶油（打发）

准备

1. 对于灵魂温暖的咖啡,首先在研钵中挤压豆蔻豆荚,使种子分离。这也可以通过简单地打开胶囊并拉出种子来手动完成。也可以使用碗,它们含有很多香气。
2. 将八角茴香和豆蔻加入刚煮好的咖啡中,浸泡 20 分钟。拉紧。
3. 加糖变甜,搅拌至溶解。
4. 然后再次煮沸,从炉子中取出并加入朗姆酒。
5. 提供带罩的灵魂温暖咖啡。

59. 咖啡和罂粟籽冰淇淋
腌制樱桃

原料

- 1个。咖啡冰淇淋
- 1片罂粟籽冰淇淋樱桃：
- 200 克 樱桃（去核）
- 100 毫升茨威格
- 50 克 香醋
- 1个香草荚（粥）
- 1 根肉桂棒 用于装饰：

- 1 条巧克力
- 100 毫升 鲜奶油

准备

1. 将红酒与糖、香草浆、肉桂和醋一起煮沸。然后把樱桃放进去,让它再次煮沸,从炉子上移开,让樱桃在液体中冷却。
2. 用刨丝器将巧克力磨成大条,将生奶油搅打至坚硬。
3. 把樱桃铺在甜点碗上,把冰淇淋放在上面,用奶油和巧克力装饰。

60.维斯瓦巧克力咖啡冰淇淋配腌制浆果

原料

- 1块酸冰淇淋
- 1块巧克力冰淇淋
- 1个。咖啡冰淇淋
- 1汤匙腰果

对于浆果：

- 100 克浆果（混合，例如蓝莓、黑莓、黑醋栗、草莓、覆盆子）
- 4汤匙接骨木花糖浆
- 1茶匙柠檬汁
- 10片薄荷叶

准备

1. 用糖浆调味浆果，薄荷和柠檬汁切成细条。
2. 大致切碎腰果。
3. 把冰淇淋放在碗里，用浆果、切碎的坚果和新鲜薄荷装饰。

61. 冬豆蔻肉桂拿铁

原料

- 1罐椰奶（或者纯素奶油）
- 6个豆蔻荚
- 2 棒 (s) 肉桂
- 160 毫升咖啡
- 100毫升杏仁奶（或燕麦奶）
- 肉桂（地面，用于洒）

准备

1. 对于冬季豆蔻肉桂拿铁，首先将椰奶放入冰箱过夜。

2. 第二天，将椰奶从冰箱中取出，从罐中取出硬化的椰奶，小心地将其倒入冰过的碗中，不要与液体混合。用手动搅拌器搅拌至奶油状。

3. 将豆蔻豆荚和肉桂棒放入一个大杯子中，然后将刚煮好的咖啡倒在上面。

4. 在炉子上用低火加热牛奶。

5. 筛出豆蔻胶囊和肉桂，将咖啡分成两杯，然后与热牛奶混合。

6. 将 2 到 3 汤匙椰子奶油倒入每个杯子中，并在冬季豆蔻肉桂拿铁中撒上肉桂。

62. 甜叶菊咖啡梦

原料

- 120 克 豆浆
- 250 克 QuimiQ natural（1 包，或者 180 克 Rama Cremefine for Ko）
- 1汤匙大米糖浆
- 2茶匙甜叶菊颗粒
- 2汤匙威士忌（或白兰地或朗姆酒）
- 1/4 茶匙 波旁香草粉
- 1杯（s）小浓缩咖啡（用1/2茶匙甜叶菊颗粒加糖）

用于装饰：

- 巧克力咖啡豆

准备

1. 对于咖啡的梦想，大豆生奶油和寒冷。然后将 QuimiQ、大米糖浆、甜叶菊、威士忌和香草搅打至起泡。然后加入咖啡，用搅拌器低位搅拌均匀。
2. 与搅打过的大豆搅打奶油混合，装入模具并冷藏 1 至 2 小时。
3. 用少许大豆生奶油和巧克力咖啡豆装饰。
4. 在咖啡梦上撒上肉桂调味。

63. 复活节蛋酒卡布奇诺

原料

- 1个巧克力蛋（空的，大的）
- 1杯浓缩咖啡（双份）
- 125毫升牛奶
- 1杯鸡蛋利口酒
- 巧克力洒（可选）

准备

1. 对于复活节彩蛋利口酒卡布奇诺，首先将鸡蛋从铝箔中包裹一半。小心地取下顶部的盖子。将鸡蛋放入合适的杯子（最好是卡布奇诺杯）中。
2. 新鲜准备双份浓缩咖啡。就在上菜前，将牛奶打成坚实的牛奶泡沫。现在快速先将浓缩咖啡倒入巧克力蛋中，然后将一些带有奶泡的牛奶和鸡蛋利口酒倒入巧克力蛋中。
3. 根据需要用巧克力洒装饰复活节彩蛋利口酒卡布奇诺。

64. 咖啡角

原料

- 170 克 黄油
- 80克细砂糖
- 1个蛋黄（或1个蛋清）
- 10 克 香草糖
- 1撮盐
- 250克小麦粉（光滑）
- 咖啡奶油（填充用）
- 可能是一些软糖（装饰）

- 杏或醋栗果酱（刷牙用）
- 可能是巧克力釉

准备

1. 将所有原料快速加工成面团，如有必要，只需短暂放入冰箱。

2. 将面团擀成约100克的厚度。2 毫米，用扇形刀切出饼干。您也可以切出圆圈并用刀将它们切成 4 个四分之一。

3. 将得到的扇形切片放在准备好的烤盘上，在 165°C 下烘烤约 12-15 分钟。

4. 冷却后，将 2 个隔间与奶油放在一起，在盖子上涂上果酱，用软糖上釉，冷却后，用喷釉装饰。

5. 也许用一些巧克力咖啡豆或银珍珠装饰。

65. 棒上的咖啡冰淇淋

成分

- 480 毫升咖啡（取决于模具的大小）
- 一些糖（如果需要）

准备

1. 对于棒上的冰淇淋，首先像往常一样准备咖啡。如果需要，加糖使糖变甜，并确保糖完全溶解。稍微冷却一下。
2. 将咖啡倒入冰棒模具中。冷冻几个小时。

3. 在取出棒上的冰淇淋之前，将模具放在温水中短暂停留，以便冰淇淋更容易溶解。

67. 卡布奇诺松露

原料

- 100 克 黑巧克力
- 150 克 摩卡巧克力
- 60 毫升 咖啡（土耳其咖啡）
- 65 毫升 生奶油
- $\frac{1}{2}$ 汤匙黄油（软）
- 1 撮糖（细结晶）

准备

2. 对于卡布奇诺松露，将巧克力切成小块，然后用蒸汽融化。
3. 将融化的巧克力与室温黄油、咖啡和生奶油混合。
4. 稍微冷却一下。
5. 一旦质量冷却下来，将小块从中分离出来并形成果仁糖球。如果你在两者之间弄湿你的手，那么滚动会容易得多。
6. 如果您愿意，可以将卡布奇诺松露卷入糖、椰子、碎坚果或开心果碎中，然后放入漂亮的果仁糖模具中。

68. 简单的咖啡蛋糕

原料

- 150 克 黄油（融化）
- 200克糖
- 1个鸡蛋
- 250毫升咖啡（黑色）
- 400克面粉（光滑）
- 1包发酵粉
- 1包香草糖
- 一些柠檬皮（适量） 准备

1. 在一个大碗里，搅拌温热的黄油、糖和鸡蛋直到起泡。然后加入混合了发酵粉、香草糖、柠檬皮和咖啡的面粉。

2. 将面团倒入抹了油的平底锅或衬有烘焙纸的平底锅中（盒子、外滩蛋糕或蛋糕盘，或烤盘，随你喜欢）。

3. 大约烘烤。175°C（对流烤箱）至少45分钟，然后检查，必要时再烤10分钟。

69. 冰咖啡

原料

- 1升鲜奶油
- 1个。香草荚
- 200 克摩卡咖啡（严重烧焦并磨碎）
- 8个 蛋黄
- 400 克 糖粉
- 生奶油（和装饰用的空心棒）

准备

1. 对于冰咖啡，首先将生奶油和香草一起煮沸，然后与新鲜磨碎的摩卡咖啡混合。在此混合物静置 20 分钟后，将蛋黄与糖霜一起搅拌至起泡，然后在最低火焰下与滤过的咖啡奶油混合物混合在一起。
2. 产生的物质被强烈冷却，冷冻后，将冰咖啡装在带有搅打顶部和空心棒的高玻璃杯中。

70. 香蕉巧克力咖啡

配料

- 2汤匙柠檬汁
- 1汤匙糖
- 1撮香草浆
- 1根香蕉
- 2汤匙巧克力糖浆
- 400毫升现煮热咖啡
- 150毫升 牛奶
- 洒水用可可粉 制备步骤

1. 在平底锅中将柠檬汁与糖、香草和 100 毫升水一起煮沸。香蕉去皮切丁。倒入平底锅，炖1-2分钟，然后从火上移开。稍微冷却，然后倒入 4 个玻璃杯中。
2. 将糖浆与咖啡混合，小心地倒在香蕉上，除了 2 汤匙。用牛奶加热剩下的咖啡，搅拌至起泡。倒在咖啡上，撒上少许可可。

71. 爱尔兰咖啡

原料

- 100 毫升爱尔兰威士忌
- 4杯热咖啡
- 3汤匙红糖
- 100 克 生奶油

- 装饰用原糖

1. 将咖啡、威士忌和糖充分加热，同时搅拌并溶解糖，然后倒入预热的玻璃杯中。
2. 轻轻搅打奶油，作为咖啡的罩子，撒上少许红糖。

72. 咖啡和坚果点心

原料

- 150克面粉
- 50克可可粉（略去油）

- 50 克 榛子（磨碎）
- 1茶匙发酵粉
- 盐
- 2个鸡蛋（M号）
- 150克糖
- 2 茶匙咖啡（可溶，约 10 克）
- 6汤匙菜籽啤酒
- 糖粉（用于除尘）

准备

1. 对于咖啡和坚果叮咬，首先将烤箱预热至 180°C。在两张烤盘上铺上羊皮纸。在碗中混合面粉、可可粉、榛子粉、发酵粉和少许盐。
2. 在一个大碗中，用手动搅拌器打蛋器、糖、速溶咖啡和菜籽油，直至起泡。一次加入一汤匙干原料，快速混合所有材料，形成面团。
3. 用茶匙取出核桃大小的面团，用第二个茶匙将它们堆放在烤盘上，留出一些空间。

4. 咖啡槽咬入烤箱（中）。每盘烤 12-13 分钟。取出，用烤纸从烤盘上取下，放在金属架上冷却。撒上糖粉。

73. Nutella 覆盆子提拉米苏

原料

- 250 克 覆盆子
- 250 毫升 生奶油
- 3 个鸡蛋（新鲜）
- 500 克 马斯卡彭
- 24 个瓢虫

- **250** 毫升咖啡（浓）
- **350** 克 花生酱
- 可可粉（洒水用）
- 覆盆子（装饰用）准备

1. 煮咖啡，让它冷却一点。
2. 将覆盆子洗净并打成泥。
3. 将生奶油在一个碗中打至变硬，将鸡蛋在另一个碗中搅拌至起泡。加入鲜奶油和马斯卡彭，小心搅拌。
4. 将海绵手指浸入咖啡中并盖住盘子（例如砂锅菜）的底部。将剩余的咖啡与 Nutella 混合。
5. 将马斯卡彭奶油涂抹在饼干上，然后将能多益奶油和覆盆子泥倒在上面。按此顺序进行，直到用完所有成分（最后涂上马斯卡彭奶油）。
6. 将提拉米苏冷藏至少2小时。
7. 上桌前撒上可可粉并用覆盆子装饰。

74. 豆腐香蕉提拉米苏

原料

- 250 毫升咖啡（浓）
- 1杯朗姆酒（可选）
- 200 毫升 鲜奶油
- 250 克 凝乳奶酪
- 400 克 马斯卡彭
- 50克糖粉（或你喜欢的）
- 4根香蕉
- 200 克 松脆饼干
- 可可粉（用于洒水）制备

1. 将咖啡煮沸，稍稍冷却，然后与少许朗姆酒混合。

2. 在一个碗里，将生奶油搅打至变硬。加入凝乳奶酪、马卡彭奶酪和糖粉。香蕉去皮切片。

3. 将松脆饼干浸入咖啡和朗姆酒混合物中，然后将它们分层放在烤盘中。盖上一层马斯卡彭奶油，上面放香蕉片和松饼。继续调整大小，直到所有成分都用完（最后涂上一层马斯卡彭奶油）。

4. 冷藏至少 2 小时，食用前撒上可可粉。

75. 木薯蛋糕配咖啡和椰子

原料

- 食品加工机中的 3 杯生木薯（木薯）
- 3杯糖茶

- 3汤匙黄油
- $\frac{1}{4}$ 杯过滤的圣克拉拉咖啡
- $\frac{1}{4}$ 杯牛奶
- 3个蛋清
- 3颗宝石
- $\frac{1}{2}$ 杯磨碎的帕尔马干酪
- 100克磨碎的椰子
- 1汤匙发酵粉
- 1撮盐

准备

1. 将木薯放入处理器中，放在布上，挤匀，丢弃牛奶。将面团摊入模具并放在一边。在电动搅拌机中，搅拌糖和黄油。当它发白时，加入蛋黄、磨碎的奶酪、咖啡和牛奶。搅拌直到所有成分充分混合。加入木薯块和椰子。用抹刀混合。最后，将酵母和蛋白放入雪中，用抹刀混合。将您选择的涂有油脂的平底锅放入预热的烤箱中，以 180 度烘烤约 40 分钟或直至表面呈金黄色。

76. 咖啡布瑟林

原料

- 4个蛋清（120克）
- 1包晶圆（直径40毫米）
- 4汤匙摩卡
- 200克 糖粉（糖粉）

准备

2. 把鸡蛋分开做咖啡片。混合蛋清、糖和摩卡，在水浴中用力搅拌。从水浴中取出并继续搅拌，直到物料冷却下来。

3. 将威化饼放在衬有烤纸的烤盘上，然后使用裱皮袋将混合物分成小部分涂抹在威化饼上。在大块周围留出薄饼的一个小边缘——面包在烘烤时仍然会分开。如果家里没有威化饼，可以将布塞尔直接涂在烘焙纸上。

4. 将咖啡豆在 150°C 左右烘烤约 30 分钟。

77. 浓缩咖啡松子华夫饼

原料

- 50 克 松子
- 2 茶匙浓缩咖啡豆
- 125 克 黄油（软）
- 100 克糖
- 1 包波旁香草糖
- 3 个鸡蛋（M 号）
- 250 克 小麦粉
- 1 茶匙发酵粉
- 75 克 生奶油

- 1/8 浓缩咖啡（现煮，冷却）
- 1撮盐
- 脂肪（用于华夫饼铁）

准备

1. 对于浓缩咖啡松子华夫饼，将松子在平底锅中烤至金黄色，然后稍微冷却。用锋利的刀将意式浓缩咖啡豆切碎。

2. 将黄油、50 克糖和香草糖打至起泡。将鸡蛋分开。将蛋黄搅拌到黄油和糖奶油中。混合面粉、发酵粉和松子，然后与生奶油、浓缩咖啡和浓缩咖啡豆交替混合。

3. 用盐和剩余的糖将蛋白打至浓稠和奶油状，然后折叠起来。

4. 预热华夫饼铁，在烘烤表面涂上薄薄的油脂。将大约2汤匙的面糊放在下烤盘的中间，然后合上华夫饼熨斗。烤华夫饼约。2 分钟至酥脆呈浅棕色。

5. 将浓缩咖啡和松子华夫饼取出，放在金属架上，以同样的方式处理剩余的面团。

78. 咖啡杯饼干

原料

- 50克 黄油
- 150克面粉
- 2汤匙可可
- 1撮发酵粉
- 50克 糖粉
- 1撮盐
- 1个鸡蛋
- 2汤匙咖啡（浓）

准备

1. 对于咖啡杯饼干，将黄油切成小块。筛入面粉、泡打粉和可可粉。将所有材料与盐和糖粉混合，打入鸡蛋，加入咖啡，快速揉成光滑的面团。让我们在冰箱里休息大约 1 小时。
2. 将面团铺在撒了面粉的表面上，用市售的马克杯曲奇刀切出心形，放在衬有烘焙纸的烤盘上。
3. 将咖啡杯饼干放入预热至180°C的烤箱中烘烤约10分钟。

79. 卡布奇诺大理石果冻蛋糕

原料

- 125 克 黄油
- 150克糖
- 4个鸡蛋
- 1包香草糖
- 1撮盐
- 250克面粉（光滑）
- 1/2 包发酵粉
- 2汤匙牛奶
- 4汤匙卡布奇诺粉
- 糖粉（洒用） 准备

1. 对于卡布奇诺大理石 ugelhupf，首先将黄油打至起泡。将一半的糖与蛋黄和香草糖分别混合直至起泡。混合两种质量。
2. 用发酵粉过筛面粉。将剩余的糖和少许盐一起打至蛋白变硬。小心地交替搅拌。
3. 将一半面糊转移到第二个碗中。将卡布奇诺粉与牛奶混合，直到看不到任何结块。拌入一半面糊。

4. 在平底锅上涂上油脂和面粉（或撒上面包屑）。首先倒入光，然后是深色物质，然后用一根棍子穿过它，形成大理石花纹。

5. 在预热好的烤箱中以150°C烘烤约50分钟。

6. 取出卡布奇诺大理石果冻蛋糕，撒上糖粉。

80. 牛油果咖啡杯

原料

- 4个鳄梨（小，成熟）
- 4汤匙杏仁奶（甜）
- 4茶匙奇亚籽

- 1撮肉桂粉
- 200 克酸奶（10% 脂肪）
- 600 毫升咖啡

准备

1. 将鳄梨对半切开，去掉石头，去掉果皮上的果肉。
2. 用杏仁奶和奇亚籽搅成泥，用肉桂调味。
3. 将鳄梨混合物分成 4 个带柄玻璃杯。将酸奶放在上面，然后将新鲜煮好的咖啡（最好是全自动咖啡机）慢慢倒在勺子的背面。
4. 设置一根稻草和服务。

零食

81. 奶油片

原料

- 1汤匙黄油
- 3汤匙糖
- 200 克 搅打过的顶部
- 200毫升牛奶
- 白面包（从前一天开始）准备

1. 在平底锅中将 1 汤匙黄油和 3 汤匙糖焦糖化。

2. 然后倒入鲜奶油和牛奶。煮沸，直到糖溶解。

3. 将面包切成片，在两面涂上少许澄清黄油烤至金黄色。将面包片放入碗中，然后将牛奶糖混合物倒在上面。

4. 趁热装盘，搭配咖啡或甜酒享用（Trockenbeerenauslese）。

82. 水果蛋糕

原料

- 150 克 黄油
- 100 克 糖粉
- 3 个蛋黄
- 2 个蛋清
- 50 克 砂糖
- 180 克 面粉（光滑）
- 4 克发酵粉
- 100 毫升 牛奶

- 100 克 葡萄干
- 50 克 柠檬皮（切碎）
- 50 克 芝麻菜（切碎）
- 50 克 烹饪巧克力（切碎）
- 香草（或其他糖）
- 柠檬皮（磨碎）
- 盐

准备

1. 将黄油与糖粉、少许盐、香草浆或糖以及磨碎的柠檬皮混合，直至起泡。逐渐搅拌蛋黄。将蛋白与砂糖打成雪。折叠成黄油混合物。将面粉与发酵粉混合，搅拌均匀，倒入牛奶。加入葡萄干、柠檬皮、花生酱和巧克力。将混合物倒入涂有黄油并撒上面粉的gugelhupf罐中。放入预热好的烤箱以160°C烘烤约55分钟。

83. 凯匹林哈松饼

原料

- 300克面粉
- 1 1/2茶匙发酵粉
- 1/2 茶匙小苏打 １ 号。
- 300 克 酸奶（天然）
- 150克糖
- 100毫升油
- 4个酸橙
- 50 毫升朗姆酒（白或卡查卡）
- 50 克 巧克力（白色）
- 1汤匙朗姆酒（白）

- 一些脂肪（用于形状）准备

2. 对于凯匹林哈松饼，首先将面粉与发酵粉和小苏打混合。
3. 将烤箱预热至200°C。
4. 在碗中混合鸡蛋、酸奶和糖。将青柠洗净，擦去皮并挤出。
5. 将3颗酸橙的汁液和果皮与白朗姆酒混合。加入面粉混合物并搅拌至湿润。在12个松饼杯上涂上油脂，倒入面糊。烤松饼约25-30分钟。再挤半个青柠，从果皮上切下细条。
6. 将巧克力切成小块并融化。加入果汁和朗姆酒，然后撒在仍然温暖的松饼上。

84. 芒果椰子能量球

原料

- 100 克 Seeberger 芒果（干果）
- 200 克 Seeberger 枣（去核）
- 75 克 Seeberger 什锦干果
- 70 毫升水 2 汤匙椰子片 用于滚动：
- 2 汤匙椰子片准备

1. 对于芒果椰子能量球，将水烧开。
2. 将所有成分混合并在搅拌机中搅拌均匀。根据所需的稠度，可以添加更多的水。
3. 弄湿你的手，从混合物中形成相同大小的球。

4. 然后滚上椰子片。
5. 在冰箱里冷藏几个小时。

85. 矢车菊雏菊粥

原料

- 1个苹果（小）
- 12汤匙燕麦片
- 400毫升牛奶
- 3茶匙蜂蜜
- 6茶匙矢车菊花（干）
- 2汤匙雏菊

准备

1. 苹果去皮，去掉果核，在刨丝器粗糙的一面摩擦。
2. 将磨碎的苹果、燕麦片和牛奶放入平底锅中，边搅拌边煮至粥达到所需的稠度。
3. 加入蜂蜜和矢车菊花，搅拌均匀。倒入碗中，撒上雏菊。

86. 咖啡哥伦巴布丁

原料

- 6 片切碎的科伦巴
- 150 毫升 Premium 3 Hearts 咖啡，由 150 毫升水和 2 汤匙咖啡制成
- 100毫升橙汁
- 1汤匙橙皮
- 1汤匙软膏中的黄油
- 肉桂粉适量
- 1汤匙砂糖和肉桂调味

准备

1. 将 Colomba 块放入碗中。加入咖啡、黄油、橙汁和果酱。最后，加入肉桂。
2. 充分混合并将所有东西放入衬有羊皮纸的蛋糕罐中。在将其放入预热的烤箱（180°C）40分钟之前，在糖上撒上肉桂。

87. 花生酱和浓缩咖啡三明治

原料

- 1 杯 200 克花生酱
- 1杯浓缩咖啡（或浓咖啡）
- 1杯红色果冻
- 您选择的面包片

准备

1. 在食品加工机中涂抹花生酱和咖啡。
2. 准备三明治，将花生酱和咖啡涂在一片上，将浆果酱涂在另一片上。将切片添加到三明治中，您就完成了！

88. 甜牛奶和咖啡派

材料（面团）

- 200克碎玉米淀粉饼干
- 100克黄油
- ½ 杯热过滤的 Pimpinela Golden 咖啡
- 1茶匙化学酵母

准备

1. 烤箱预热180°。

2. 将黄油在咖啡中融化，并逐渐将其与已经与酵母混合的碎饼干混合。将可拆卸的箍形状（直径20厘米）排成1/2厘米的高度。烤30分钟。
3. 取出并等待冷却。

89. 巧克力花生棒

成分

- 250克巧克力I混合牛奶和黑巧克力
- 400克面粉
- 1茶匙发酵粉
- 打散 250 克黄油
- 燕麦300克
- 100克红糖
- 100克盐渍和切碎的坚果，最好是混合物
- 2个小鸡蛋

奶油用

- 80克脆花生酱
- 炼乳 200 毫升
- 200 毫升牛奶少女甜奶油炼乳

准备

1. 切两种巧克力——不要太细，不要太粗。使用发酵粉和黄油将面粉加工成易碎的面团。加入燕麦片、红糖和切碎的坚果，然后混合一切。

2. 将一部分面包屑（约四分之一）与切碎的巧克力一起放入第二个碗中。你不再需要这种混合物了。

3. 将鸡蛋加入剩余的面包屑中，混合所有东西，然后将面团放入衬有烘焙纸作为底料的烤盘中。用力向下推——在上面放一个小擀面杖，让一切都平整光滑。将面团上下上下180度烤15分钟左右。

4. 将炼乳和甜炼乳与花生酱混合。可能不需要将普通炼乳与略显丰满的牛奶女仆混合。然而，就稠度和味道而言，获得了最好的结果。

5. 将花生和牛奶的混合物倒入新鲜出炉、稍冷的底座中。比较流畅！将剩余的面糊和巧克力混合物撒在碎屑上，稍微压下，烘烤约 20 分钟。找到合适的时间删除并不容易。最好快一点将其从烤箱中取出。因为天气变冷了，一切都变得更难了。把它切成条形或方形，尽情享受吧！

90. 咖啡饼干

配料

对于面团：

- 160 克 面粉
- 80 克 糖粉
- 80 克 坚果
- 1 个女儿 □ 1 汤匙朗姆酒
- 120 克 黄油
- 2 汤匙咖啡（浓） 奶油：

- 80 克 黄油（软）
- 80 克糖粉 2 汤匙咖啡（浓）
- 1 汤匙朗姆酒 上釉：
- 70 克 糖粉
- 2 1/2 汤匙咖啡
- 1滴油（椰子油）制剂

1. 将所有原料加工成面团并冷藏1小时。
2. 将面团擀开并切出圆形，在175°C下烘烤约8分钟。
3. 对于奶油，用糖将黄油打至起泡，然后慢慢加入朗姆酒和咖啡。
4. 用奶油填充冷却的饼干。
5. 对于釉料，将所有东西混合在一起，直到你有一个可涂抹的质量。
6. 在咖啡饼干上刷上糖霜，并用摩卡豆装饰。

91. 咖啡釉

配料

- 250 克 糖粉
- 热水
- 减少咖啡
- 1 汤匙牛奶准备

1. 对于咖啡釉,将咖啡煮沸并在平底锅中慢慢减少,直到形成粘性物质。这使釉料呈现出美丽的摩卡棕色。

2. 现在将水和咖啡慢慢搅拌到过筛的糖粉中，直到形成光滑的液体混合物。最后将牛奶搅拌到咖啡釉中。

92. 咖啡布塞尔

配料

- 4块蛋白（120克）
- 1包华夫饼（直径40毫米）
- 4汤匙摩卡
- 200克糖粉（糖粉）准备

1. 把鸡蛋分开做咖啡片。混合蛋清、糖和摩卡咖啡，在水浴中用力搅拌。从水浴中取出并继续搅拌，直到混合物冷却下来。

2. 将华夫饼放在衬有羊皮纸的烤盘上，然后使用皮肤填充袋将混合物分成小部分涂抹在华夫饼上。在质量周围留下华夫饼的一个小边缘 - 烘烤时小圆面包仍然会脱落。如果家里没有华夫饼，可以直接将Busserl涂在烘焙纸上。

3. 将咖啡豆烘烤至大约 10 分钟。150 ° C 约。30分钟。

93. 摩卡饼干

配料

摩卡面团：

- 125 克黄油 90 克糖 1 号
- 110克面粉
- 60 克 榛子（磨碎）
- 2汤匙速溶咖啡粉

釉：

- 125克糖粉
- 2茶匙速溶咖啡粉

- 3-4汤匙水

准备

1. 对于摩卡饼干,加入黄油和糖搅拌至起泡,然后加入鸡蛋。

2. 拌入面粉和榛子。将咖啡溶解在少许水中并搅拌。将带有 2 茶匙的小堆放在烤盘上,在 200° 下烘烤 **8-10** 分钟。

3. 让冷却。将糖粉与咖啡和水混合成釉。在每块饼干上放一块糖霜,并用摩卡豆装饰。

94. 浓咖啡布朗尼

配料

- 500 克 苦巧克力
- 75 毫升浓缩咖啡（现煮）
- 300 克 黄油
- 500克糖（棕色）
- 6个鸡蛋（室温和中等）
- 250 克 梅尔
- 2撮盐
- 4汤匙浓缩咖啡豆（整颗）
- 黄油（烤盘用）

- 面粉（烤盘用）

准备

1. 对于浓缩咖啡布朗尼，将巧克力切碎。将浓缩咖啡、黄油和糖煮沸并放在一边。加入400克巧克力，让它融化。然后让它冷却大约10分钟。将烤箱预热至 180°C。在烤盘上涂上油脂并撒上面粉。
2. 将1个鸡蛋一个接一个地搅拌到巧克力混合物中约1分钟。1分钟。加入面粉、盐和剩下的巧克力。将面糊铺在烤盘上，撒上浓缩咖啡豆。入烤箱160度烤约
3. 25分钟。
4. 让其冷却并将浓缩咖啡布朗尼切成大块。

95. 香草咖啡利口酒

配料

- 75克咖啡豆
- 175 克冰糖
- 2个香草豆荚
- 700 毫升棕色朗姆酒 (40% vol.) 准备

1. 对于咖啡利口酒，将咖啡豆放入冷冻袋中，用锤子压碎，但不要研磨。
2. 将冰糖和切好的香草荚倒入干净的煮沸瓶中。倒在朗姆酒上并很好地关闭瓶子。

3. 将利口酒放入冰箱冷藏 1 周，每天剧烈摇晃。倒入细筛，然后倒回瓶中。将咖啡利口酒存放在阴凉处，然后保存 2-3 个月。

96. 五香咖啡上的栗子奶油

配料

- 200 克 栗子泥（或栗子饭）
- 200 毫升 鲜奶油
- 100 毫升 牛奶
- 24 克糖粉准备

1. 对于栗子奶油配料，充分搅拌所有成分，直到糖粉溶解并形成奶油混合物。

2. 将混合物倒入 0.5 L iSi Whipper 中,拧上 iSi 奶油充电器并剧烈摇晃。放入冰箱冷藏1-2小时。

3. 将 1 茶匙香草糖、$\frac{1}{2}$ 茶匙橙皮和一小撮肉桂、生姜和豆蔻各加入一杯中。将刚煮好的咖啡倒在上面。趁热上桌,立即享用

97. 咖啡蛋糕汽水

配料

- 160 克 马斯卡彭
- 1汤匙浓缩咖啡
- 1茶匙咖啡利口酒
- 150 克 松脆饼干（细碎）
- 110 克 糖皮（白色）
- 几滴油
- 50 克 couverture（深色）准备

1. 对于咖啡蛋糕汽水，首先将马斯卡彭与咖啡和咖啡利口酒混合。然后加入饼干屑搅拌，形成固体块，可以很容易地做成球状，不会粘在手上。滚出同样大小的球，冷藏半小时左右。

2. 同时，在水浴上用几滴油融化白色的糖皮。将茎的一端浸入并将它们插入球中。放在凉爽的地方，直到巧克力完全干燥。

3. 然后在蛋糕上涂上一层薄薄的糖衣，不断地转动它们。再次冷却约半小时，使釉料干燥。

4. 与此同时，用少许油融化深色的糖皮。把蛋糕棒的顶部沥干，让咖啡蛋糕棒在凉爽的地方再次干燥，然后再吃。

98. 茴香甘草冰咖啡

配料

- 6 粒奈斯派索胶囊
- 1茶匙茴香籽（小；磨碎）
- 1根甘草
- 1 汤匙蜂蜜 7 片薄荷叶（新鲜） 冰块材料：
- 2水釉（110毫升）
- 1个玻璃器皿

准备

1. 用您选择的 Nespresso 咖啡准备 6 杯浓缩咖啡。
2. 将浓缩咖啡与茴香籽、两片甘草根和蜂蜜一起放入冷玻璃壶中。让它浸泡10分钟。
3. 最好将水壶放在装有冰块的桶中以冷却混合物。
4. 倒入冰冷的杯子里,用新鲜的薄荷叶、半根甘草根和几块冰块装饰。

99. 咖啡卷

配料

- 饼干

对于填充：

- 125 毫升咖啡
- 125毫升水
- 100 克 砂糖
- 50 克 面粉
- 1包香草糖
- 1少许咖啡利口酒（适量）
- 1个蛋黄
- 250克黄油（室温）准备

1. 对于咖啡卷，首先根据基本配方准备海绵蛋糕。烘烤后，用干净、干燥的茶巾卷起并冷却。

2. 与此同时，搅拌奶油的所有成分，在平底锅中煮沸，不断搅拌，让奶油变稠，直到奶油变成布丁的稠度。把它从炉子里拿出来，让它冷却。然后拌入黄油。

3. 再次小心地把海绵蛋糕卷起来，把奶油涂在上面，再把肉卷卷起来。

4. 供应咖啡卷。

100. 咖啡布丁

配料

- 1/2 升牛奶 (1%)
- 1包香草布丁粉
- 损失 1 汤匙咖啡
- 2汤匙朗姆酒
- 甜味剂（根据需要）制备

1. 对于咖啡布丁，将布丁粉与少许牛奶混合。
2. 把剩下的牛奶煮沸，加入咖啡、朗姆酒和甜味剂。将混合布丁煮沸，倒入甜点碗中。

结论

它们是迷人且多样化的食谱,将为咖啡爱好者提供令人难以置信和引人注目的风味,这种风味在日常生活中变得越来越普遍。选择你最喜欢的,吃得好!

www.ingramcontent.com/pod-product-compliance
Lightning Source LLC
Chambersburg PA
CBHW071618080526
44588CB00010B/1173